Bordesholmer Edition
Bd. 11
4. korrigierte Auflage 2017

Gäste bewirten macht Freude.
Mir jedenfalls.
Aber es darf kein Stress sein[1].

Daher hier – ohne Anspruch auf Gourmetsterne oder Kochmützen - die Beschreibung von ein paar Gerichten, die einfach zuzubereiten sind und, wenn nicht ganz so einfach, dann aber am Tage vorher vorbereitet werden können.
Wenn dann die Gäste kommen, bleibt fast nichts mehr zu tun, und die Hausfrau[2] kann mit ihnen entspannt plaudern.

---

[1] Trotzdem bitte keine die Gäste beleidigenden Tiefkühl-Fertiggerichte!

[2] Sie darf, wie der Autor, durchaus auch männlich sein.

Durannimo von der Wied

Rezepte für die faule Hausfrau

Übrigens:
Faulheit
ist eine Form von
Intelligenz

Inhalt

Aperitifs 6
Caipirinha 6
Mojito 7
Olivenkugeln 8

Vorspeisen 10
Gefüllte Melonen 10
Gambas al ajillo 11
Empanadas 12
Tomatensuppe 14

Hauptgerichte 15
Gebratene Knoblauch-Peperoni-Spaghetti 15
Putengyros 16
Provençalische Fischpfanne 17
Überbackenes Gemüse 18
Schweinebraten im Dampftopf 19
Szegediner Gulasch 20
Ratatouille (Eintopf) 22
Coq au Vin 24
Lasagne 26

Quiche Lorraine 28
Gebackene Dorade 30
Roastbeef 32

Saucen *33*
Salsa picante (Lanzarote) 33
Remouladensauce 34
Vanillesauce 35

Kuchen und Desserts *36*
Krümeltorte 36
Krümelapfelauflauf 37
Kaiserschmarrn 38
Himbeer-Sahne-Baiser - halbgefroren 39
Pflaumenkuchen 40
Butterkuchen 42
Käsekuchen, "Berliner Art" 44
Käsetorte 46
Wiener Kirschtorte 47
Kanarischer Öl-Rührkuchen 48
Haferflockenplätzchen 49

GETRÄNKE

Caipirinha
Zubereitung: 3 Minuten

Zutaten:
- ¼ Limette
- 3 Teel. braunen **Rohr**zucker (nicht: Kandis)
- 6 cl Pitù (oder anderen weißen Rum)
- 2-3 Blätter Minze
- Crushed Ice zum Auffüllen des Glases

Zubereitung:
Limette vierteln oder achteln,
in ein Glas geben,
Rohrzucker darüber,
drehend zerdrücken (pressen),
Minze darüber.

Glas mit Crushed Ice auffüllen,
Pitù darüber gießen, leicht umrühren,
2 Strohhalme hinein, fertig.

Vereinfachende Alternative:
Statt Limetten und Eis
tiefgekühlten Grapefruitsaft verwenden:
Rohrzucker dann auf das gecrashte Grapefruit-Eis geben,
mit Pitù übergießen und leicht umrühren.

GETRÄNKE

Mojito
Zubereitung: 3 Minuten

Zutaten:

2 cl	Limettensaft
4 cl	weißen Rum (am besten: Pitù)
2 cl	Sodawasser (Mineralwasser mit Sprudel)
2 Teel.	Rohrzucker
2-3	Blätter Minze

Eiswürfel nach Belieben

Zubereitung:
Limette auspressen und in ein Glas geben,
Rohrzucker darüber,
Minzeblätter zerreißen und darauf legen
Alls zusammen drehend zerdrücken (pressen).
Rum zugeben,
Wasser und Eis nach Geschmack.

oder:
Limette vierteilen, mit Minze in ein Glas geben,
Rohrzucker darüber und zerdrücken.
Rum zugeben,
Wasser und Eis nach Geschmack.

ZUM APERITIF

Olivenkugeln

Vorbereitung: 40 Min;
Endbereitung: nur in den Ofen schieben

Zutaten (die Hälfte reicht für 22 Kugeln):
230 g gefüllte Oliven
200 g geriebenen Emmentaler
100 g Mehl
60 g Butter

Quelle: Eine meiner Studentinnen

ZUM APERITIF

Zubereitung:
Oliven aus ihrer Lake nehmen und
mit Papier von der Küchenrolle abtrocknen.
Oder: 5-10 Min. im Backofen bei 40° Umluft trocknen lassen.
Alle übrigen Zutaten in die Küchenmaschine und lange
auf hoher Stufe „emulgieren".
Teig ausrollen.
Jeweils eine Olive mit Teig umhüllen, fest
zusammenpressen und dann zu einer Kugel formen,
auf Backpapier auf ein Backblech legen.

Tipp:
Ist der Teig zu spröde zum Ummanteln der Oliven:
Etwas anwärmen, evtl. etwas mehr Käse zusetzen.
Vor dem Einrollen noch fester zusammendrücken.

Backzeit: 20-25 Minuten bei 190°

Veredelung:
Füllung der Oliven durch Peperoni scharf machen.
Alternative zu Oliven: Schafskäse.

VORSPEISEN

Gefüllte Melonen
(Einfachste denkbare Vorspeise: 3 Min.)

Einfach gekühlte Melonen halbieren, Kerne entfernen, mit Himbeermarmelade auffüllen. Fertig

Zur Verfeinerung:
Pitù (= weißer Rum aus Brasilien) oder Kirschlikör dazu reichen.
Damen tun so etwas gern über die Marmelade.

VORSPEISEN

Gambas al ajillo

Vorbereitung: 15 Minuten
Endbereitung: nur in der Pfanne heiß machen: 10 Min

Zutaten:
400 g Gambas (z.B. tiefgefroren)
200 ml (= 175g) Olivenöl
1 scharfe Peperoni
2 gepresste Knoblauchzehen
1 Teelöffel Brühe
1/2 Teelöffel Salz
evtl. 1 Esslöffel Goulaschgewürz

Am Vortage vorbereiten (oder sonst irgendwann):
Lake:
Peperoni und Knoblauchzehen in sehr kleine Stückchen schneiden.
Öl und alle anderen Zutaten dazugeben.
Gambas:
Gambas langsam auftauen, waschen und abtrocknen,
Gambas in die Lake legen und
Vorzugsweise einen Tag lang im Kühlschrank ziehen lassen.

Zum Essen zubereiten:
Kurz vor dem Servieren das Ganze in der Pfanne erhitzen.
Vorsicht:
Nicht zu lange in der Pfanne lassen: Die Gambas sollen „al diente", also nur gerade eben gar sein.
Meist sind die gekauften Gambas schon gekocht. Dann nur heiß machen.
Mit heißen Baguettes servieren.

Verschönerung:
Fast gare Gambas mit Lake portionenweise aus der Pfanne in rustikale Schälchen füllen und im Backofen weiter erhitzen bis sie sieden. Dann sofort servieren.
Vorsicht: Beim Servieren Topflappen benutzen!!

VORSPEISEN

Empanadas

Die Zubereitung erfordert Wartezeiten wegen des Hefeteiges.
Ansonsten:
Vorbereitung 10+5 Minuten plus Wartezeit, wenn der Teig „geht",
In der Zwischenzeit kann anderes getan werden.
Endbereitung: Frittieren 5 Min, alternativ: Backofen 20 Min.:

Zutaten Teig:
250 g   Mehl
40g   Butter
125 ml Milch
1   Ei
½ Päckchen Hefepulver
Etwas Salz
Etwas Zucker (damit die Hefe geht)

Füllung:
Ganz nach Belieben. Beispielsweise:
Gefüllte Oliven (möglichst scharf, z.B. Piri-Piri-gefüllte Oliven)
Käse (gut: Old Amsterdam)
Gambas,
würziges Hackfleisch

VORSPEISEN

Zubereitung Teig (Stunden vorher möglich):
Butter schmelzen, Milch anwärmen
Mehl in einer Schüssel mit Hefe und Zucker mischen, Salz hinzufügen, dann Eigelb, Butter und Milch hinzugeben und mit dem Mixer (Knethaken, nicht Sahnequirl!!) zu einem geschmeidigen Teig verarbeiten.
Teig ein wenig mit den Händen kneten.
Falls zu klebrig, noch etwas Mehl zugeben – vielleicht auch nur die Hände mit Mehl bestreuen.
Teig im Backofen bei ca. 50° gehen lassen, bis er etwa doppelt so hoch ist wie vorher (etwa eine gute halbe Stunde, Zeit für eine Folge „Sturm der Liebe").
Dann erneut kneten und in dem abgeschalteten, offenen Backofen (oder anderswo an warmem Ort) nochmals gehen lassen (etwa eine gute halbe Stunde, Zeit für eine weitere Folge „Sturm der Liebe" oder: Küche aufräumen, Tisch decken oder vor sich hin dösen).
Nach dem zweiten Gehen den Teig möglichst dünn zwischen zwei Backpapierblättern ausrollen.
Je nach ästhetischem Anspruch mit einem Glas Kreise ausstechen oder einfach mit dem Messer mehr oder weniger rechteckige Stücke schneiden, in der Größe an die Füllung angepasst.
Füllung in die Mitte des Teigkreises (Rechtecks) geben, die Ränder mit Eiweiß (als Klebstoff) bestreichen und dann zusammenklappen (oder –rollen).

Backzeit:
Backofen:15 - 20 Minuten bei 180º bis sie goldbraun sind.

Falls Fritteuse vorhanden: 4-5 Minuten bei 160°

Veredelung (lohnt sich sehr):
Vor dem Backen oder Frittieren mit Eigelb bestreichen und in Paniermehl wälzen.

VORSPEISEN

Tomatensuppe

Vorbereitung: 20 Min
Endbereitung: Nur heiß machen (10 Minuten)

Zutaten:
1 Dose geschälte Tomaten (850 ml)
1 Knoblauchzehe (gepresst)
70 ml Schlagsahne (zur Veredelung)
1 Teelöffel Rindsbouillon
1 Teel. Goulasch-Gewürz, falls vorhanden
1 Prise Zucker
Salz nach Geschmack (ca. 1/4 Teelöffel)
etwas Pfeffer
je nach Geschmack: scharfes Paprikapulver

Vorbereitung:
Alles (außer der Sahne) im Messerwerk zu sämiger Suppe verarbeiten, kurz aufkochen, mit Sahne abschmecken.

Zubereitung:
Nur heiß machen

1. Veredelung:
Ein Glas Sauce Bolognese („Nudelsauce"), vorzugsweise ohne Rindfleisch, hineinmischen.

2. Veredelung (eigentlich unverzichtbar):
Beim Servieren auf jeden Teller ein Sahnehäubchen (einen Klacks Schlagsahne) darauf geben und mit mildem Paprika überpudern
→ Obwohl im Wesentlichen nur optisch: erstaunlich veredelnde Wirkung!

3. Veredelung:
Etwas Schafskäse hineinmischen
(nicht ganz homogenisieren),
einige Spritzer Tabasco

HAUPTGERICHTE

Gebratene Knoblauch-Peperoni-Spaghetti

Vorbereitung + Endbereitung insgesamt 20 Minuten

Zutaten:
1 Packung Spaghetti
4 Knoblauchzehen
1-2 scharfe Peperoni (evtl. auch getrocknete)
3-4 Esslöffel Olivenöl (ca. 40 ml)

Zubereitung:
Spaghetti gemäß Packungsangaben mit etwas Salz kochen.

Währenddessen:
Knoblauchzehen schälen und kleinschneiden.
Peperoni klein hacken.

Wenn die Spaghetti gar sind:
Öl in der Pfanne erwärmen (nicht zu heiß!),
gekochte, abgetropfte Spaghetti hinzugeben,
Peperoni und Knoblauch darüber streuen.
Das ganze einige Minuten in der Pfanne schmoren,
bis die Spaghetti getrocknet sind und ölig glänzen.
Dabei ab und zu umrühren, es sei denn, „Krüstchen"
sind erwünscht.

Verschönerung:
Vor dem Servieren etwas mildes Paprikapulver zur optischen Veredelung oder Parmesankäse zur geschmacklichen Bereicherung über die angerichteten Spaghetti streuen.

Quelle: Margret

HAUPTGERICHTE

Putengyros

Vorbereitung: 20 Minuten
Endbereitung: 10 Minuten (nur in der Pfanne schmoren)

Zutaten:
600g Putengeschnetzeltes
3-4 Zwiebeln
3-4 Knoblauchzehen
ca. 100 ml Olivenöl
½ feingeschnittene scharfe Peperoni
1 Teelöffel Hühner- oder Kräuterbouillonpulver
½ Teelöffel Salz
2 Teelöffel Goulaschgewürz
(oder Paprika mit etwas Pfeffer)
Evtl. einen Schuss trockenen Rotwein

Vorbereitung am Tage vorher:
Knoblauch, Öl, Peperoni, Bouillonpulver, Salz und Goulaschgewürz in der Küchenmaschine zu einem Brei vermahlen.
Dann die gevierteilten Zwiebeln dazugeben und die Küchenmaschine kurz (1-3 Sekunden) noch einmal anmachen (Zwiebeln dürfen dadurch nur grob gehechselt werden!).
Falls ohne Küchenmaschine gearbeitet wird, Zwiebeln grob schneiden und so dazu geben.
Dann zusammen mit den grob geschnittenen Zwiebeln und dem geschnetzelten Fleisch gut vermischen und möglichst 1-2 Tage im Kühlschrank „ziehen" lassen.
Dabei darauf achten, dass die Oberfläche ölig feucht ist.

Endbereitung:
Alles einfach in eine Pfanne oder in einen Wok geben und kurz braten, bis die Fleischteile gerade gar sind.

Dazu:
Beispielsweise überbackenes Gemüse oder Wok gemüse (vgl. S. 18) und heiße Baguettes.
Oder einfach Reis.

HAUPTGERICHTE

Provençalische Fischpfanne
Vorbereitung: 20 Minuten
Endbereitung: 10 Minuten (nur in der Pfanne schmoren)

Zutaten:
600g Fischfilet (Lachs oder irgendein anderes)
3–4 Zwiebeln
3-4 Knoblauchzehen
ca. 100 ml Olivenöl
½ feingeschnittene scharfe Peperoni
1 Teelöffel Hühner- oder Kräuterbouillonpulver
½ Teelöffel Salz
2 Teelöffel Goulaschgewürz
(oder Paprika mit etwas Pfeffer)
Evtl. einen Schuss trockenen Rotwein
1 kleine Dose geschälte Tomaten
1 kleines Glas Oliven ohne Steine

Vorbereitung am Tage vorher:
Fischfilet in Würfel schneiden
Dann wie Putengyros, siehe vorige Seite.

Endbereitung:
Alles einfach in eine Pfanne geben und kurz an braten.
Kurz bevor die Fischteile gar sind, die geschälten Tomaten und die Oliven und eventuell einen Schuss Rotwein dazu geben.
Dann zu Ende garen.

Veredelung:
Zusätzlich zu den Oliven noch (aufgetaute) Gambas zugeben.

Dazu:
Beispielsweise Überbackenes Gemüse und
heiße Baguettes.
Oder einfach Reis.

HAUPTGERICHTE

Überbackenes Gemüse

Vorbereitung: 20 Minuten (Gemüse putzen)
Endbereitung: 10 Minuten (überbacken)

Zutaten:
5-8 verschiedene Gemüsesorten, je 150 g
z.B. Blumenkohl, Rosenkohl, Fenchel (!), Bohnen,
Paprika, Kohlrabi, Möhren, Champignons, Porrée
1 Tüte geriebenen* Emmentaler Käse zum Überbacken
1-2 Teelöffel mildes Paprikapulver,
etwas Salz (wenig)

Vorbereitung:
Gemüse putzen und kleinschneiden.
Bevor die Gäste kommen
im Dampftopf auf drei Ringe aufheizen,
ca. 40 Sekunden auf drei Ringen vorgaren,
im Topf stehen lassen.

Endbereitung:
Das noch warme oder kurz noch einmal angewärmte
Gemüse in 1 oder 2 Auflaufformen geben
(evtl. nach Farben sortiert),
mit dem Käse überstreuen,
bei ca. 180° ca. 5- 8 Minuten garen,
bis der Käse schön verlaufen ist.
Zum Servieren etwas mildes Paprikapulver als farbliche
Verschönerung darüber streuen.

Dazu:
Separat kurzgebratenes Fleisch:
Schweine- oder Rinderfilet,
besonders schön Lammfilet, oder Putengyros,
und Kroketten, Kartoffeln oder einfach Baguettes

Altenative ohne Käse Wok-Gemüse
Alles wie oben, nur ohne Käse und im Wok statt in der
Pfanne

*) Tipp Inge F:
    Gestiftelten Käse verwenden. Schmeckt würziger als geriebener.

HAUPTGERICHTE

Schweinebraten im Dampftopf

Vorbereitung: 5 Minuten + 25 Minuten Kochzeit
Endbereitung: 10 Minuten (nur aufwärmen)

Zutaten:

Ca. 600g	Schweinenacken („Kammbraten")
100g	Öl
3	Zwiebeln
2	Knoblauchzehen
1	Paprikaschote
1	Teelöffel Goulaschgewürz
1	Teelöffel Rindsbouillon
1 kl.	Dose Tomatenmark
etwas	Salz, Pfeffer, evtl. Thymian und Senf
½ Fl.	Rotwein
100 g	Sahne oder saure Sahne (nicht unbedingt notwendig)

Vorbereitung:
Zwiebeln kleinschneiden, Fett im Dampftopf erhitzen,
Braten darin rundherum gut anbraten,
Zwiebeln und Paprika hinzufügen, leicht anschmoren.
Mit Rotwein löschen, übrige Zutaten (außer der Sahne) hinzu,
Deckel schließen.
Kochzeit: 25 Min. (2 Rillen)
Danach Dampftopf öffnen, 50g Sahne hinzugeben
Sauce ggf. mit Wasser verlängern und abschmecken,
evtl. mit weiterer Sahne Schärfe mildern.

Ggf. Sauce andicken: „Butterkloß"
Je ca. 10 g Butter und Mehl gut mit einander verkneten.
In kleinen Portionen unter ständigem Rühren in die Sauce geben und mindestens 1 Minute lang aufkochen.

Endbereitung:
Lediglich zum Servieren erneut heiß machen.

HAUPTGERICHTE

Szegediner Gulasch

Vorbereitung: 30 Minuten
Endbereitung: 10 Minuten (nur aufwärmen)

Zutaten:

Ca. 500g	Schweinegulasch
25g	Margarine
100 g	Zwiebeln, gewürfelt
2	Knoblauchzehen
2 Essl.	Paprika, edelsüß
1	Teelöffel Goulaschgewürz
1 kl. Dose	Tomatenmark
200 ml	Rindsbouillon
125 g	Schmand oder Sahne
etwas	Salz, Pfeffer,
1 kl. Dose	Sauerkraut (200 g Abtropfgewicht)

HAUPTGERICHTE

Vorbereitung:
Zwiebeln kleinschneiden, Fett im Dampftopf erhitzen,
Gulasch darin rundherum gut anbraten,
Zwiebeln und Paprika hinzufügen, leicht anschmoren.
Mit Rindsbouillon löschen, übrige Zutaten (außer der Sahne) hinzu hinzugeben,
Deckel schließen.
Kochzeit: 10-15 Min. (2 Rillen)
Danach Dampftopf öffnen, 50g Sahne hinzugeben
Sauce ggf. mit Wasser verlängern und abschmecken,
evtl. mit weiterer Sahne Schärfe mildern.

Ggf. Sauce andicken: „Butterkloß"
Je ca. 10 g Butter und Mehl gut mit einander verkneten.
In kleinen Portionen unter ständigem Rühren in die Sauce geben und mindestens 1 Minute lang aufkochen.

Endbereitung:
Einfach aufwärmen

HAUPTGERICHTE

Ratatouille (Eintopf)

Vorbereitung: 30 Minuten bis zur Textmarke #
Endbereitung: 10 Minuten (nur aufwärmen und anrichten)

Zutaten:
1 ganzes Schweinefilet
1 große Zucchini*
3 Paprika (grün, rot, gelb)
4 Tomaten
5 Zwiebeln
1 Päckchen Schinkenwürfel
1 kl. Büchse passierte Tomaten
1 Minidöschen Tomatenmark
2-3 Esslöffel Pesto rot
1-2 scharfe Peperoni
1-2 Teelöffel Bouillonpulver
gewürzter Pfeffer (falls vorhanden, sonst normalen Pfeffer)
Kräuter der Provence
ein Schuss Sahne oder Crème Fraiche

*) Eigentlich: 1 großer Zucchino !!

Quelle: Heidruns** vom üblichen abweichende Ratatouille-Version

---

** Primitiv-Version ihres kleinen faulen Bruders:
Vorbereitung: 20 Minuten
Endbereitung: 10 Minuten (nur aufwärmen und anrichten)

Zutaten:
Gemüsemix: Gang über den Markt, also nach Gusto und Jahreszeit, mindestens aber 2 Zwiebeln, 2 Kartoffeln, eine Koblauchzehe.
Gewürze: ebenfalls nach Gusto oder Familientradition, mindestens aber Pfeffer, Salz, Bouillonpulver.
Fleisch: Zum Beispiel Kassler, Kochwurst und Schweinebacke.
Zum Andicken der Flüssigkeit: Kartoffelpüreepulver statt Sahne.

HAUPTGERICHTE

Zubereitung:
Schweinefilet in 4cm dicke Scheiben schneiden, etwas platt klopfen, salzen, pfeffern, dick mit Senf bestreichen und mit Pizzagewürz panieren, braten.
Schinkenwürfel in Olivenöl in einer großen Pfanne anbraten.
Dann gewürfelt in der folgenden Reihenfolge zugeben: Zwiebeln, Paprika, Zucchini, Tomaten. Nach kurzer Zeit eine halbe Tasse Wasser mit dem aufgelösten Bouillonpulver zugeben. Deckel schließen und wenige Minuten kochen lassen, bis wieder etwas Platz in der Pfanne ist #. Danach alle übrigen Zutaten einrühren und noch einmal kurz kochen lassen. Fleisch auf das fertige Ratatouille legen.

Variante :
Es ist auch mit Mettwürstchen lecker. Sogar mit Fisch.

Zubereitung der Primitiv-Version:

Gemüse putzen und klein schneiden.
Zusammen mit Fleisch, Gewürzen und einer Tasse Wasser und einem Esslöffel Olivenöl in den Schnellkochtopf.
Je nach Gemüse 3 bis 6 Minuten im Schnellkochtopf kochen, mittlere Stufe (2 Rillen) – fertig.
Anmerkung: Dabei platzen meist die Kochwürste, was ihnen bei gut würziger Qualität aber nichts ausmacht und dem Eintopf geschmacklich zugutekommt.

Warnung:
Es besteht die Befürchtung, dass man das Ganze dann nicht mehr Ratatouille nennen darf. Andererseits: Der Name *Ratatouille* wurde in Frankreich seit dem 18. Jahrhundert für einfache Eintopfgerichte verwendet, abgeleitet von dem französischen Verb *touiller* für umrühren. Quelle:Wikipedia.

HAUPTGERICHTE

Coq au Vin

Vorbereitung: 30 Minuten
Endbereitung: 10 Minuten (nur aufwärmen)

Zutaten:
2 Hähnchenschenkel + 2 Brüste
100g	Butter, Öl oder Margarine
5	Zwiebeln
2	Knoblauchzehen
1	Paprikaschote
1	Teelöffel Goulaschgewürz
1	Teelöffel Rindsbouillon
1 kl.	Dose Tomatenmark
etwas	Salz, Pfeffer, evtl. Thymian
½ Fl.	Rotwein

HAUPTGERICHTE

Vorbereitung:
Zwiebeln kleinschneiden,
Fett im Dampftopf erhitzen, Hähnchenteile rundherum gut anbraten,
Zwiebeln und Paprika hinzufügen, leicht anschmoren.
Mit Rotwein löschen, übrige Zutaten hinzu, Deckel schließen.
Kochzeit: 10 Min. (2 Rillen)
Danach Dampftopf öffnen, Hähnchenteile von Knochen lösen,
mit Sahne abschmecken, evtl. mit Butter-Mehl-Kloß andicken (gut kochen lassen).

Endbereitung:
Lediglich aufwärmen

Beilage: Couscous, Reis oder Stangenweißbrot

HAUPTGERICHTE

Lasagne

Zubereitung benötigt einige Zeit, kann aber am Morgen oder am Tage vorher gemacht werden

Vorbereitung: 50 Minuten
Endbereitung: 30 Minuten (lediglich Backzeit)

Zutaten:

10 Lasagnenudelblätter
150g Kräuterquark
100g Frischkäse
(Philadelphia o.äh.)
500 g Hackfleisch
250g Gouda
3 Zwiebeln

1 Dose Tomatenmark,
(evtl. 2 geschälte Tomaten)
2 Knoblauchzehen,
1 Teelöffel Gyrossalz
1 Teelöffel Goulaschgewürz
1 Teelöffel Rindsbouillon-
   pulver
1/2 Teelöffel Salz
etwas Pfeffer

Evtl.:
1 Glas Sauce Bolognese

HAUPTGERICHTE

Vorbereitung:

Hackfleischmasse:
Tomaten, Tomatenmark, gepresste Knoblauchzehen, gevierteilte Zwiebeln, Goulaschgewürz, Gyrossalz, Bouillonpulver, 1/4 Teelöffel Salz und etwas Pfeffer in der Küchenmaschine, ggf. zusammen mit der Sauce Bolognese zu grobem Brei verarbeiten (Zwiebeln zuletzt zugeben und nicht ganz "homogenisieren").
Brei in eine Schüssel geben und mit dem Hackfleisch verkneten (mit der Hand, keinesfalls mit der Küchenmaschine!).

Käsemasse:
Quark, 100g grob gewürfelten Gouda, Frischkäse, 1/4 Teelöffel Salz und etwas Pfeffer in Küchenmaschine zu Brei verarbeiten.

Lasagne in Auflaufform „schichten":
Auflaufform fetten. Nacheinander je eine Lage Lasagneblätter, Hackfleischmasse, Lasagneblätter, Käsemasse, Lasagneblätter, Hackfleischmasse einfüllen. Das Ganze mit dem Rest Gouda (gerieben oder in Scheiben) belegen.

Endbereitung:
ca. 30 Minuten bei 200°, in mittlerer Höhe backen.

Verfeinerung:
Einige Peperonistückchen unter die letzte Käseschicht geben.
Etwas Paniermehl über die Käseschicht streuen.
Etwas Schafskäse unter die letzte Käseschicht.

HAUPTGERICHTE

Quiche Lorraine

Vorbereitung: 25 Minuten incl. Vorbacken
Endbereitung: 45 Minuten (lediglich Backzeit)

Zutaten:

Teig:
200g   Mehl
100g   Butter oder Margarine
¼ Teel. Salz
5–6 gehäufte* Esslöffel Wasser (ca.75ml = 75g)

Belag:
150g   geriebenen** Käse (z.B. Gouda)
150g   Kochschinken, gewürfelt
_{Wer es würziger mag, tut noch 50 g Schinkenwürfel, geräuchert, dazu}
1 Bund Frühlingszwiebeln
1/2 Teel. Rosenpaprika
Je nach Geschmack: Salz, Pfeffer, Muskat

Füllungscreme:
200 ml   Sahne (oder 200 ml Milch)
4   Eier

*) Kleiner Scherz von mir ….

) **Tipp Inge F:
   Gestiftelten Käse verwenden. Schmeckt würziger als geriebener.

Quelle: Angela

HAUPTGERICHTE

Vorbereitung:

Teig:
Alle Teigzutaten in die Küchenmaschine,
in einer Springform verteilen, 2 cm hohen Rand,
mit einer Gabel einstechen,
15 Min bei 175° im Backofen vorbacken
(kann Stunden vorher gemacht werden).

Belag:
Frühlingszwiebeln in dünne Ringe schneiden
und mit den übrigen Zutaten
auf den vorgebackenen Boden geben, Käse zuletzt.

Füllungscreme:
Eier und Sahne mixen und
gleichmäßig über den belegten Boden verteilen.

Endbereitung:

Bei 150-175° ca. 45 Min backen.

Tipp:
Teig kann schon Stunden vorher vorgebacken werden.
Belag kann dann auch schon vorbereitet werden.
Später nur noch: Teig belegen, Füllung drüber gießen,
rein in den Backofen.
Wenn dann die Gäste kommen: Hinein in den Backofen!

HAUPTGERICHTE

Gebackene Dorade

Passt eigentlich wegen der langen Endbereitung nicht in dieses Büchlein. Schmeckt aber so gut!!

Vorbereitung: 30 Minuten bis zur Textmarke #
Endbereitung: 30 Minuten

Zutaten:
4 Doraden (je 350-500 g)   (oder Loup de Mer)
4 Knoblauchzehen
1-2 scharfe Peperoni (evtl. auch getrocknete)
3-4 Esslöffel Olivenöl (ca. 40 ml)
4 Bd. Frische Minze (oder getrocknete)
etwas Petersilie,
1 Zitrone, Mandelsplitter
Salz, Pfeffer, etwas Mehl
1-2 Glas trockenen Weißwein

Quelle: „Spezialitäten aus 12 Urlaubsländern": Frankreich

HAUPTGERICHTE

Zubereitung:
Fische säubern und abtrocknen,
mit ¾ der Mischung aus Salz, Pfeffer, gehackte Peperoni, Knoblauch, Minze, Petersilie und Öl füllen,
auch von außen mit Salz einreiben, in Mehl wälzen
und so ca. 5 Minuten von beiden Seiten anbraten. #
(Bis hierher kann das ganze Stunden vorher vorbereitet werden)

Anschließend Fische mit dem Rest der Mischung (s.o.) bestreichen und auf einem Backblech mit etwas Öl bei 250° ca. 20 Minuten garen. Gegen Ende Mandelsplitter drauf.
Nach 5-10 Minuten Backzeit mit Wein übergießen und danach ab und zu mit einem Löffel
mit dem sich bildenden Öl-Wein-Sud übergießen.

Mit heißer Butter als Sauce und
Zitronenscheiben von geschälten Zitronen servieren

Veredelungen:
1. Vor dem Backen mit Mandelsplittern belegen.
2. Aus dem Sud eine Sauce machen, dabei evtl. Kapern oder grünen Pfeffer beigeben.
3. Zum Andicken mit Mehl-Butter-Kloß (ca. ein gehäufter Teelöffel, halb Mehl, halb Butter, zu einem Kloß geknetet) eine Minute lang (nicht weniger!!) aufkochen.

Beilagen:
Feldsalat und Kartoffelbrei oder Kroketten.

HAUPTGERICHTE

Roastbeef

Besonders einfache Zubereitung. - Von konservativen Hausfrauen strikt abgelehnt (ohne es vorher je ausprobiert zu haben).
Vorbereitung: 15 Minuten + 25 Min Kochzeit
Endbereitung: 10 Minuten (schneiden und servieren)

Zutaten:
1 kg Roastbeef (Rindersteak)
60-80 g Fett,
Salz, Pfeffer, Paprika, Wasser

Falls Sauce erwünscht:
1/8 l saure Sahne

Vorbereitung:
Fett im Dampftopf erhitzen,
Fleisch hineinlegen,
rundum gut anbräunen
danach leicht salzen.

Dann mit 1-2 Tassen Wasser „ablöschen".

Dampftopf schließen.
Kochzeit: 20-25 Min.
Fertig.
Nach Abkühlen in den Kühlschrank

Endbereitung:
In dünne Scheiben schneiden und mit →Remoulade kalt servieren.

Dazu: Bratkartoffeln und →Remouladensauce

Quelle: Rezeptbeilage Fissler-Vitavit

SAUCEN

Salsa picante (Lanzarote)
Quelle: Brigida Santana Morales, Lanzarote

Zubereitung: 15 Minuten - Endbereitung: entfällt

Zutaten:
4 Knoblauchzehen,
1 scharfe Peperoni
(oder 1 Teel. Cayenne-Paprika)
1 mittelgroße Gewürzgurke (4 cm),
1/2 Teelöffel Salz,
1 Esslöffel Goulaschgewürz,
1/2 Teelöffel schwarzen Pfeffer,
1 Teelöffel Rosenpaprika (mild),
je ein Glas (300 ml) Öl, Essig und Wasser.

Zubereitung:
Alle festen Zutaten mit der Hälfte des Öls
in der Küchenmaschine zu einem feinen Brei verarbeiten,
Rest Öl, Essig, Wasser[*] zugeben.
Nochmals kräftig in der Küchenmaschine verarbeiten.
Fertig.

[*]) Wasser evtl. erst nachträglich zugeben, damit die Küchenmaschine nicht zu voll wird und beim Mischen überläuft.

Avocadocreme „Guacamole"
Quelle: Edeka-Rezept; Zubereitung 10 Minuten

2 Avocados, 2 EL Limettensaft, 1 gepresste Knoblauchzehe, etwas Salz und Chillipulver pürrieren, etwas gehacktes Koreandergrün und eine halbe Tasse gewürfelte Tomate untermischen - fertig

SAUCEN

Remouladensauce

Zubereitung: 10 Minuten (!)

Zutaten für Mayonnaise*:
2 Eigelb
1-2 Teelöffel Senf
1 Teelöffel Zucker
2 Messerspitzen Salz
1 Esslöffel Essig
125 ml Sonnenblumenöl (Olivenöl geht auch)
*) Ersatzweise 150-250g fertige Mayonnaise verwenden.

Zutaten für Remoulade:
6 kleine oder 2 mittelgroße Gewürzgurken
1 mittelgroße, geviertelte Zwiebel
Saft von einer Zitrone (oder 1 Esslöffel Essig)
1 kleines Bund Petersilie (oder getrocknete),
1 kl. Glas Kapern (ca. 25 g)
1 Becher (250 ml) saure Sahne (geht auch mit Joghurt)
+ evtl.: 1/2 Teel. schwarzen Pfeffer oder 1/2 Teel. Herbes de Provence
.
Zubereitung Mayonnaise:
Alle Mayonnaise-Zutaten bis auf das Öl
in der Küchenmaschine zu Brei verarbeiten.
Macht nichts, wenn das meiste danach am Rand oder auf dem Boden klebt.
Darauf das Öl bei laufender Küchenmaschine ganz langsam dazugeben und zu cremiger Masse verarbeiten.
(Schmeckt aber so noch nicht sehr gut: sehr fettig)

Weiterverarbeiten zu Remoulade:
Zur Mayonnaise jetzt alle Zutaten außer den Kapern und saurer Sahne zugeben und in der Küchenmaschine zu einem nicht ganz homogenen Brei verarbeiten. Jetzt saure Sahne „einarbeiten". Am Ende Kapern zugeben und nur mit einem kurzem Maschinenstoß untermischen.

Quelle: Ulla Arndt

SAUCEN

Vanillesauce

Zubereitung: 15 Min

Zutaten:
1 Ei
½ Packung Vanillepuddingpulver
½ l Milch
2 Esslöffel Zucker

Zubereitung:
1 Ei trennen,
Eigelb mit 1 Esslöffel Wasser anrühren.
Eiweiß schlagen.

Vanillepuddingpulver mit etwas Milch und zwei Esslöffeln Zucker anrühren.
Milch aufkochen.
Angerührtes Puddingpulver zugeben und kurz noch einmal aufkochen lassen. Am Ende Eigelb dazugeben und Eischnee unterziehen.

Verfeinerung:
Mit der Milch ½ Vanilleschote mit aufkochen

Gorgonzolasauce – z.B. mit Champignons*

**300g Gorgonzola mit 150g Sahne und evt. etwas Salz und Goulaschgewürz im Mixer zu (recht steifem) Brei verarbeiten.
In der Pfanne über die gebratenen und gewürzten Champignons gießen, unter Rühren aufkochen, wobei die Sauce sich verflüssigt – fertig.**

*) **Quelle:** Giuseppe Ferrara **Villa Coloniale**

KUCHEN UND DESSERTS

Krümeltorte

Vorbereitung: 15 Minuten
Backzeit: 45-50 Minuten

Zutaten:

Teig:
200g Zucker,
500g Mehl
200 g Butter oder Margarine
1 Päckchen Vanillezucker
1 Päckchen Backpulver
1 Ei,
1 Prise Salz

Füllung:
750g Äpfel
(2 Glas Sauerkirschen),
1Päckchen Vanillezucker

ferner: 50g Paniermehl

Zubereitung:
Alle Teig-Zutaten in der Küchenmaschine zu einem krümeligen Teig verarbeiten (Backpulver vorher ins Mehl einrühren), dann in eine Schüssel schütten und mit den Händen krümelig mischen.
Die Hälfte der Krümelmasse in eine gefettete Springform geben, am Boden andrücken, am Rand hoch drücken und mit Paniermehl bestreuen (Maßnahme gegen „klitschige" Mitte).
Die geschälten, entkernten und klein geschnittenen Äpfel* (einfacher: die abgetropften Kirschen) darauf verteilen (außen 1 cm Rand lassen) und die restlichen Krümel darüber streuen und leicht eindrücken.

Backzeit: Ofen vorheizen, dann 45-55 Min. bei 175-195°

Quelle: Dr. Oetker: „Backen macht Freude"

*) Tipp: Apfelschälmaschine, siehe Fußnote nächste Seite.

KUCHEN UND DESSERTS

Krümelapfelauflauf

Vorbereitung: 15 Minuten
Backzeit: 45 Minuten

Zutaten:

Krümel:
120g (200g) Zucker
185g (300g) Mehl
120g (200g) Butter
1 Prise Salz

Füllung:
1000g geschälte Äpfel
1Päckchen Vanillezucker
Eine Hand voll Rosinen

Zubereitung:
Füllung:
Äpfel schälen und kleinschneiden*,
zusammen mit den Rosinen in eine Auflaufform geben und mit Vanillezucker bestreuen.

Krümel (wie Dr. Oetker Krümeltorte):
Alle Zutaten in der Küchenmaschine (oder gleich mit den Händen in einer Schüssel) zu einer krümeligen Masse verarbeiten, dann in eine Schüssel schütten und mit den Händen krümelig mischen.
Krümel über die Äpfel streuen bzw. verteilen.

Backzeit: 45 Min. bei 200°.

Veredelung: Dazu → Vanillesauce

Quelle: Maria

---

*) Mit einer Apfelschälmaschine geht es schneller und bequemer. Erfahrene Hausfrauen lehnen so ein Gerät natürlich strikt ab, da sie es nicht kennen – bis sie es einmal im Gebrauch sehen.
Tipp: www.pearl.de – Sieht aus wie aus Omas Zeiten. Preis bei Drucklegung 12,90€.

KUCHEN UND DESSERTS

Kaiserschmarrn

Vorbereitung=Endbereitung: 10 Minuten
Natürlich könnte die ganz faule Hausfrau, wenn sie noch ungestörter mit den Gästen plaudern möchte, den Teig (bis zur Textmarke #) auch schon vor dem Eintreffen der Gäste zubereiten.

Zutaten:

Schmarren:
2-3 Eier
1 geh. Esslöffel Zucker
2 geh. Esslöffel Mehl
1 Päckchen Vanillezucker
Eine Hand voll Rosinen
30 g Butter
1 Prise Salz
Milch ca. 50 ml

Beilage:
1 Glas Apfelbrei

Zubereitung:

Eier trennen, Eiweiß mit etwas Zucker sehr steif schlagen.
Mehl, den Rest Zucker, Eigelb, Salz, Vanillezucker mit der Milch im Mixer vermischen, am Ende Eischnee und Rosinen unterheben.
Butter in der Pfanne schmelzen, Teig in die heiße Pfanne geben und erhitzen. Wenn er beinahe die Konsistenz eines weichen Rühreies hat, also oben nur noch ein wenig teigig ist, mit zwei Löffeln in kleine Stücke zerreißen und noch ganz kurz goldgelb weiterbraten.
Nach dem Auffüllen auf dem Teller nach Belieben mit Zucker bestreuen und/oder Apfelbrei daneben auffüllen.

KUCHEN UND DESSERTS

Himbeer-Sahne-Baiser - halbgefroren

Vorbereitung: 15 Minuten + 4 Std. Antauzeit
Evt. Endbereitung: 5 Minuten

Zutaten für 4 Personen:
150g Baiser 1(oder 2 Beutel ‚Dresdner Törtchen' à 80g)
750 tiefgefrorene Himbeeren)
1,5x Konditorsahne à 330g

Zutaten für 14 Personen:
500g Baiser (6 Beutel ‚Dresdner Törtchen' à 80g)
3000g tiefgefrorene Himbeeren
4x Konditorsahne à 330g

Zubereitung:
Schichtweise in eine große Schale mit Rand einlegen:
Gebröselter Baiser
Tiefgefrorene Himbeeren
Gebröselter Baiser
Tiefgefrorene Himbeeren
(ein paar zum Verzieren am Ende übriglassen)
Gebröselter Baiser
Cremig-schaumig (nicht fest)
geschlagene Schlagsahne von 1 Packung darüber gießen
(bzw. bei 14 Personen von 3 Packungen)
Das ganze 3 Stunden in kühlem Raum oder 5 Stunden
im Kühlschrank antauen lassen. Fertig.

Zur Verzierungen:
Vor dem Servieren die restliche steif geschlagene Sahne darüber
und mit einzelnen Himbeeren verzieren.

KUCHEN UND DESSERTS

Pflaumenkuchen

Vorbereitung: 45 Minuten
 (einschließlich „Gehen" des Teiges und Pflaumen zubereiten)
+ Zeit für zweites „Gehen" noch einmal 35 Minuten
Backzeit: 20-30 Minuten

Zutaten:

Teig:	**Belag:**
500 g Mehl	1 kg Pflaumen
1 Päckchen Hefe (Pulver)	etwas Zucker
75 g Zucker	zum Bestreuen
1 Päckchen Vanillezucker	
1 Prise Salz	
75g zerlassene, abgekühlte Butter	
¼ l lauwarme Milch	

Quelle: Dr. Oetker: „Backen macht Freude"

KUCHEN UND DESSERTS

Zubereitung:
Mehl und Hefepulver gut vermischen.
Butter im Milchtopf aufsetzen, schmelzen lassen, vom Feuer nehmen, Zucker, Vanillezucker und Milch hinzugeben, verrühren, dann zusammen mit Mehl und Hefe mit Knethaken erst langsam, dann schnell (2 Min.) verrühren.
(Klebt der Teig, etwas Mehl hinzugeben, aber nicht zu viel: es soll ein Teig bleiben).
An warmem Ort, (am einfachsten: im auf 45° angewärmten Backofen) gehen lassen, bis der Teig doppelt so hoch ist wie zu Beginn (ca. 25 Minuten).

Währenddessen:
Pflaumen waschen, gut abtrocknen und entkernen.

Gegangenen Teig erneut gut durchkneten, dann auf gefettetem Blech ausrollen und mit den Pflaumen, Innenseite nach oben, belegen.
So belegten Kuchen nochmals (wie eben) an warmem Ort gehen lassen, bis der Teig doppelt so hoch ist wie zu Beginn.
Erst danach bei 200-225 °, 20-30 Min. backen.

Den nur wenig abgekühlten Kuchen mit etwas Zucker bestreuen.

KUCHEN UND DESSERTS

Butterkuchen

Vorbereitung: 10 Minuten + 45 Minuten für erstes „Gehen"
Dann noch einmal 45 Minuten Zeit für zweites „Gehen"
Backzeit: 20-30 Minuten

Zutaten:

Teig:	**Belag:**
500 g Mehl	125 g Butter
1 Päckchen Hefe (Pulver)	100 g Zucker
75 g Zucker	100 g Mandelplättchen
1 Päckchen Vanillezucker	
1 Prise Salz	
125g zerlassene, abgekühlte Butter	
3 Eier	
350 ml lauwarme Milch	
200-250 g Rosinen (ggf. gemischt mit Trockenaprikosen)	

Quelle: Uschi

KUCHEN UND DESSERTS

Zubereitung:
Mehl und Hefepulver gut vermischen.
Butter im Milchtopf aufsetzen, schmelzen lassen, vom Feuer nehmen, Zucker, Vanillezucker und Milch hinzugeben, verrühren, dann zusammen mit Mehr und Hefe mit Knethaken erst langsam, dann schnell (5 Min.) verrühren.
(Klebt der Teig, etwas Mehl hinzugeben, aber nicht zu viel: es soll ein Teig bleiben).
An warmem Ort, (am einfachsten: im auf 45° angewärmten Backofen) gehen lassen, bis der Teig doppelt so hoch ist wie zu Beginn (ca. 45 Min).

Zum gegangenen Teig Rosinen zugeben, erneut gut durchkneten, dann auf gefettetem Blech ausrollen, Mandelblättchen, Zucker und Butterstückchen darüber streuen.
So belegten Kuchen nochmals an warmem Ort (wie vorher) gehen lassen, bis der Teig doppelt so hoch ist wie zu Beginn.

Erst danach 20 Min. bei 200-225° backen.
(bei Umluft: 13-15 Min. bei 175°).

KUCHEN UND DESSERTS

Käsekuchen, "Berliner Art"
Besonders einfach.

Vorbereitung: 10 Minuten
Backzeit: 45 Minuten

Zutaten:

Teig:
150g Mehl
120g Zucker
100 g Butter (oder Margarine)
3 Eigelb
1 Prise Salz
1 gestrichen voller Esslöffel Paniermehl

Käsemasse:
125g Korinthen*
1 Glas Rum*
500g Speisequark
100g Zucker
100g Butter
2 Eier
½ Röhrchen Zitronenaroma

*) Statt Rosinen + Rum evtl. getrocknete Aprikosen + Obstler

Quelle: Frau Clemm, Freiburg

KUCHEN UND DESSERTS

Zubereitung:

Teig:
Alle Teig-Zutaten in der Küchenmaschine verarbeiten, bis ein fester homogener Knatsch (oder Kloß) entsteht.
Den so zubereiteten Teig in eine runde Backform drücken. Am Rand etwa 3 cm hochziehen.
Zur Vermeidung von „Klitschigkeit" in der Mitte des Bodens etwas Paniermehl austreuen.

Käsemasse:
Korinthen in Rum legen und quellen lassen.
Eier trennen, Eiweiß beiseite stellen.
Rest in der Küchenmaschine zu (übrigens recht flüssigem) Brei verarbeiten,
Eiweiß zusammen mit den vom Teig übriggebliebenen 3 Eiweiß schaumig schlagen und unterrühren.
Rum von den Rosinen abschütten und hinzugeben.

Die Hälfte der so zubereiteten Käsemasse in die Backform auf den Teig gießen, Rosinen darüber streuen und mit dem Rest Käsemasse „versenken".

Backen:
Backofen vorheizen.
Backzeit: 45 Minuten bei 180°, untere Schiene.

KUCHEN UND DESSERTS

Käsetorte

Vorbereitung: 15 Minuten
Backzeit: 60 Minuten

Zutaten:
1000 g Quark
5 Eier
200g Butter
300g Zucker
1 Teelöffel Backpulver
2,5 Päckchen Vanillepuddingpulver*
1 Dose Aprikosen

*) Geht auch mit 2,5 Päckchen Vanillezucker statt Vanillepuddingpulver. Hab` ich aus Versehen zu Cordulas Geburtstag so gemacht. Resultat: Schmeckt mindestens genauso gut, ist aber etwas saftig (Aprikosensaft tropfte aus der Kuchenform).

Zubereitung:
Aprikosen abtropfen lassen
Eier trennen.
Außer Eiweiß alles im Messerwerk verrühren,
Eiweiß schlagen und unterrühren,
die Hälfte in eine Backform geben,
Aprikosen darauf streuen,
Restteig darüber.

Backzeit: 60 Minuten bei 180º

Quelle: Axels Marko – und der nach Bialek?

KUCHEN UND DESSERTS

Wiener Kirschtorte

Vorbereitung: 30 Minuten
Backzeit: 50-60 Minuten

Zutaten:
1 1/2 Glas Kirschen
125g Mehl
200g Fett
180g Zucker
5 Eigelb + Eischnee
100g Couvertureschokolade
125g gemahlene Nüsse oder Mandeln
3/4 Backpulver
3 Esslöffel Rum
1 Teelöffel Zimt

Zubereitung:
Alles (außer Kirschen) im Messerwerk verrühren,
Eiweiß schlagen und unterrühren,
alles in die Backform geben,
1 1/2 Glas Kirschen darüber streuen (versinken von allein).

Backzeit: 50-60 Minuten bei 180°
Nach Abkühlen mit Puderzucker bestreuen.

Quelle: Ulla Arndt

KUCHEN UND DESSERTS

Kanarischer Öl-Rührkuchen

Vorbereitung: 15 Minuten
Backzeit: 10 Minuten

Zutaten:
8 Eier,
1Päckchen Vanillezucker,
500g Zucker,
½ Röhrchen, Zitronenaroma,
1 Prise Salz,
500g Mehl,
1Päckchen Backpulver,
1 (ca. 200 g) Glas Milch,
1 (ca. 200 g) Glas Olivenöl

Zubereitung:
Eier trennen.
Eiweiß in der Küchenmaschine mit ein wenig Zucker auf Höchststufe steif „schlagen".
Alle Zutaten folgendermaßen in der Küchenmaschine, nach einander langsam hinzugeben:
Zucker,
Vanillezucker,
Zitronenaroma,
Eigelb,
Milch,
Öl,
Mehl & Backpulver (verrührt)

Backen:
Backofen vorheizen. Teig in Backform geben.
Backzeit 50-70 Minuten bei 175º, untere Schiene.
Nach 20 Min. mit Bachpapier abdecken.

Tipp: Als Nachspeise servieren.
Und zwar portionsweise mit Joghurt übergießen, und evtl. mit frischem Obst garnieren.

Quelle: Brigída Santana Morales, Playa Blanca, Lanzarote

KUCHEN UND DESSERTS

Haferflockenplätzchen

Vorbereitung: 30 Minuten
Backzeit: 15 Minuten

Zutaten für (ca.45 Stück):
300 g grobe Haferflocken
150 g Butter
225 g Rohrzucker
6 Esslöffel Mehl
1 Teelöffel Zimt
1 Teelöffel Backpulver
150 g Apfelmus
2 Eier

Zubereitung:
Alles außer den Haferflocken in der Küchenmaschine verrühren. In eine Schüssel geben und die Haferflocken untermischen.
 (Oder in der Küchenmaschine nur ganz kurz vermischen. Keinesfalls zermahlen!!!)
Mit einem Ess- und einem Teelöffeln ca. 45 kleine Häufchen auf das mit Backpapier ausgelegte Backblech (oder den Backrostrost) verteilen.

Backzeit:
Bei 180° C Umluft ca. 12 Minuten backen,
je nach Herd evtl. etwas länger, bis sie knusprig sind.
(Sie sind fertig, wenn die Ränder beginnen, sich dunkel zu bräunen.)

Veredelungen:
1 Päckchen Vanillezucker zugeben.
Vor dem Backen in jedes Häufchen eine Haselnuss stupsen und/oder mit heißer Schokolade bepinseln.

Quelle: Schmidtmarkt Lenzkirch

In der Reihe Bordesholmer Edition erschienen (Auswahl):
Stand: Dezember 2017

Bordesholm-Krimis:

Bd. 1: Das Grab auf der Insel
Der erste Bordesholmkrimi
von Jürgen Baasch, Lydia Glaubke, Charlotte Günther,
Ines Reich und Hartmut Wiedling
ISBN 978-3-8448-0006-7   172 Seiten   Preis 9,90€

Bd. 5: Schmalsteder Beifang
Der zweite Bordesholmkrimi
von Jürgen Baasch, Silvia Biener, Charlotte Günther,
Diana Kühl und Hartmut Wiedling
ISBN 978-3-8482-2419-7   164 Seiten   Preis 9,90€

Bd. 10: Lotosblüte
Der dritte Bordesholmkrimi
von Jürgen Baasch, Kirsten Frahm, Charlotte Günther,
und Hartmut Wiedling
ISBN 978-3732-28658-4   176 Seiten   Preis 9,90€

Bd. 17: Die Seminaristin
Der vierte Bordesholmkrimi
von Jürgen Baasch, Kirsten Frahm, Charlotte Günther,
und Hartmut Wiedling
ISBN 978-3-7357-7074-5   184 Seiten   Preis 9,90€

Bd. 24: Giftwasser
Der fünfte Bordesholmkrimi
von Jürgen Baasch, Elmer Schmidt und Henning Thomsen
ISBN 978-3-7392-0249   208 Seiten   Preis 9,90€

Bd. 27: Bombenstimmung
Der sechte Bordesholmkrimi
von Jürgen Baasch, Elmer Schmidt und Henning Thomsen
ISBN 978-3-xxx   192 Seiten   Preis 9.90€

Bd. 33: Feuerteufel
Der siebte Bordesholmkrimi
von Jürgen Baasch, Elmer Schmidt, Detlef Tanneberger
und Henning Thomsen
ISBN 978-3-7448-9953-6   208 Seiten   Preis 9.90€

Weitere Romane

Bd. 4: Krimidinner
Kriminalroman
von Hartmut Wiedling
ISBN 978-3848-21971-1   260 Seiten   Preis 14,90€

Bd. 12: Letztes Jahr
Satirischer Endzeitroman
von Hartmut Wiedling
ISBN 978-3-7322-8940-0   156 Seiten   Preis 9,90€

Bd. 16: Klosterbrut
Gesellschaftspolitischer Zukunftsroman
von Hartmut Wiedling
ISBN 978-3-8370-8979-0   208 Seiten   Preis 10,90€

Bd. 23: Halleluja Sakra
Das Muthenberger Missgeschick mit den Gebeinen
Eine historische Mühbrooker Heimatgeschichte
von Detlef Tanneberger
ISBN 978-3-7357-5643-5   236 Seiten   Preis 11,95€

Bd. 28: Lisbeth
Autobiografischer Roman
von Lisa Olivia del Bosco
ISBN 978-3-xxx   192 Seiten   Preis 14,50€

Plattddüütsch

Bd. 2: De Borsholmer Jedemann
Hugo v. Hofmannsthal sien Stück,
in`t Plattdüütsche sett vun Jürgen Baasch
ISBN 978-3848-21806-6   128 Seiten   Preis 8,90€

Essays:

Bd. 32 Vanitas   oder: Wir sind alle nur Käfer
19 Essays aus Wissenschaft, Psychologie und Gesellschaft
von Hartmut Wiedling
ISBN 978-3-7448-9934-5   112 Seiten   Preis 6,90€

Bordesholmer Edition
eine Reihe für Autoren von Bordesholm und Umgebung
Herausgeber: J. Baasch und H. Wiedling, Bordesholm
bordesholmer.edition@yahoo.de

Herstellung und Verlag:
BoD - Books on Demand, Norderstedt
ISBN 978-3732-28628-7